AF224569

RELATION EXACTE

DE LA MORT

DE SON ALTESSE ROYALE

MGR LE DUC DE BERRY,

RÉDIGÉE

D'après les renseignemens fournis par les personnes les plus digne de foi, qui n'ont pas quitté le Prince depuis le moment de son assassinat jusqu'à celui de sa mort.

PRIX, 30 C. AU PROFIT DES PAUVRES.

BLOIS,

CHEZ AUCHER-ELOY, LIBRAIRE,

GRANDE-RUE, N° 35,

M. D. CCC. XX.

Nota. Cette Relation a été rédigée d'après les renseignemens fournit par beaucoup de témoins oculaires, parmi lesquels nous sommes *autorisés* à citer *M. le comte de Clermont-Lodève; et le général vicomte de Montélégier ,* gentilshommes d'honneur de l'infortuné duc de Berry; *M. le comte de Menars,* premier écuyer de M.me la duchesse de Berry, et *M. le comte César de Choiseul,* aide-de-camp du Prince. Cette Rélation leur a été communiquée avant l'impression , et ils en ont reconnu la véracité suivant la connaissance que chacun d'eux a eue nécessairement des différens faits qui y sont rapportés. Nous aurions pu également nous appuyer du témoignage des respectables ecclésiastiques qui ont assisté le Prince à son lit de mort, et qui sont dénommés dans la Relation; mais notre respect pour la nature des fonctions qu'ils ont remplies dans cette circonstance nous ont interdit de leur demander leur autorisation à cet égard. Nos lecteurs sauront à ce sujet apprécier notre délicatesse.

RELATION EXACTE

DE LA MORT

DE SON ALTESSE ROYALE

MGR LE DUC DE BERRY,

Assassiné à Paris, le 13 février 1820.

———

Monseigneur le duc de Berry, second fils de Monsieur comte d'Artois frère du Roi, vient d'être enlevé à la France par un horrible assassinat. Avant de raconter cet épouvantable forfait, nous dirons quelques mots sur ce prince, tant calomnié par les révolutionnaires, qui ne pourront plus démentir des vérités aujourd'hui connues de l'Europe entière.

Le caractère et l'esprit de Mgr le duc de Berry, avoient beaucoup de rapport avec ceux de son aïeul Henri IV. Sa franchise et ses reparties spirituelles rappeloient la franchise et les reparties du bon Roi. Une bonté de cœur incomparable modéroit ou réparoit constamment les écarts d'une vivacité naturelle, qu'une éducation finie au milieu des camps n'avoit pu complétement régler. Répandre des bienfaits étoit pour lui non seulement un devoir, un plaisir, mais encore un besoin. Pardonner une offense étoit la chose du monde qui lui coûtoit le moins ; et , par la manière aimable dont il pardonnoit , il doubloit sans s'en douter , le repentir de ceux qui avoient eu le malheur de l'offenser. Comme le grand Henri , il étoit né guerrier ; comme lui, il aimoit la gloire et la France ; mais , comme lui aussi il eut quelques foiblesses. Eh ! quel homme est parfait ! Cependant son respectable gouverneur , M. le duc de Sérent, lui avoit inculqué dès son enfance des principes religieux qu'il conserva toujours, qui le consolèrent souvent dans ses malheurs, et qui , au lit de la mort, firent briller , d'un éclat surnaturel , les vertus qu'il possédoit.

Depuis sa rentrée en France avec son auguste famille , Mgr le duc de Berry vivoit absolument étranger à la direction des affaires publiques. La chasse , les arts , les langues anciennes et modernes qui lui étoient familières , des actes multipliés de bienfaisance , les soins les plus tendres pour son épouse et sa fille , qu'il adoroit, occupoient presque tous ses momens. Entièrement innocent des malheurs passés et présens de la France ; sa naissance ne l'apppelant au trône , que dans le cas très-incertain , ou son frère , Mgr le duc d'Angoulême , presque du même âge que lui , le précéderoit au tombeau ; n'ayant jamais fait couler dans sa patrie d'autres larmes que celles de la reconnaissance , Mgr le duc de Berry pensoit que sa vie étoit en sûreté au milieu des Français , parmi lesquels son cœur généreux, croyoit bien qu'il pouvoit compter des ennemis, mais jamais des assassins (1). Aussi les précautions ordinaires de la prudence lui sembloient-elles inutiles. Paris l'a vu cent fois dans ses promenades publiques, dans ses rues, marchant seul avec une noble confiance, et quelquefois entouré d'une foule toujours satisfaite de le voir, et touché de cette marque d'estime. On dit même qu'il traita de visions des avis qui lui furent donnés sur les sinistres projets de la faction ennemie des Bourbons, et qui menaçoient directement sa personne. Hélas pouvoit-il supposer que, grâces aux idées anti-religieuses et anti-monarchiques répandues par la philosophie moderne, la perversité humaine fût parvenue au point qu'il existât en France des hommes capables d'égorger un prince, uniquement parce qu'il pouvait perpétuer la race de Saint-Louis ? C'est cependant ce que les aveux de son meurtrier n'ont que trop démontré.

Quoi qu'il en soit à cet égard, le récit exact de sa mort, que nous allons essayer de faire avec simplicité, et d'après des renseignemens tellement certains, que nous défions les révolutionnaires d'en contredire un seul détail, montrera à la fois de quelles vertus cet infortuné prince étoit doué, et qu'elle force il tira de sa foi religieuse, dans un moment où les plus grands courages manquent rarement d'être abattus. Il mon-

---

(1) C'est ce qu'il dit en débarquant à Charebourg.

trera en même temps toute l'horreur que doivent inspirer des doctrines qui, voulant remplacer cette foi par les sophismes d'une fausse philosophie, conduisent insensiblement à l'athéisme, et par suite à des forfaits inconnus jusqu'à nos jours.

Le dimanche 13 février 1820, Mgr le duc de Berry ne pressentant nullement que ce jour dût être le dernier de ses jours, récapituloit, en déjeunant avec son auguste épouse, les plaisirs que leur procureroit le carnaval. Tout à coup il s'arrête, et dit: *c'est fort bien mais pendant que les riches s'amusent, il faut que les pauvres vivent.* Et de suite il envoie un billet de mille francs au bureau de charité. A onze heures il se rendit au château des Tuileries, où, suivant son usage, il reçut avant la messe les personnes qui vouloient lui offrir leurs hommages. Pendant cette réception, il aperçut un des principaux chefs de l'armée, qui, par suite du retour de Buonaparte, avoit été exilé par l'ordonnance du 24 juillet 1815. Sans attendre que le tour de présentation du maréchal fût arrivé, Mgr le duc de Berry s'avança vers lui, lui prit affectueusement la main, et lui adressa des paroles si bienveillantes, que des larmes d'attendrissement roulèrent dans les yeux du maréchal.

Le soir, le prince et la princesse se rendirent à l'Opéra. Pendant la représentation, le prince alla voir Mgr le duc d'Orléans, qui se trouvoit aussi au spectacle. Il lui parla de ses projets de chasse pour le lendemain, caressa ses enfans ; et joua avec eux. A dix heures et demie environ, la princesse se trouva fatiguée, et desira se retirer. Dans toutes ses grossesses, dès qu'elle quittoit son palais ou seulement se promenoit dans son jardin, le prince ne manquoit jamais de lui donner le bras, avec les attentions les plus aimables. Ce soir-là, comme il vouloit voir la fin du spectacle, la princesse le pria de ne point la conduire à sa voiture, et de rester dans sa loge. Mais sa prière n'arrêta pas le prince, qui ne voulut pas s'écarter une seule fois du devoir qu'il s'étoit imposé envers la France, de veiller lui-même sur le précieux dépôt que renfermoit le sein de son épouse. S'il s'en fut affranchi dans cette circonstance, peut-être existeroit-il encore.

Il sortit donc de sa loge avec la princesse. Il étoit accompagné de MM. de Clermont, de Choiseul-Beaupré et de Menars, ses gentils-hommes ou aides-de-camp. La voiture s'approcha le plus près possible du bâtiment de l'Opéra ; un espace de six à huit pieds seulement la séparoit de la porte, près de laquelle étoit un factionnaire de la garde royale. Quand la princesse fut placée dans la voiture, le prince, avec sa courtoisie ordinaire, donna la main à Mme la comtesse de Bethizy, pour y monter à son tour ; puis il dit à sa femme : *adieu, Caroline, nous nous reverrons bientôt.* Ensuite il se retourna pour rentrer à l'Opéra. Ce fut dans ce fatal moment que l'exécrable Louvel (1), qui s'étoit tenu à quelque distance, s'élança derrière le prince. et avec la rapidité de l'éclair, appuyant une main sur son épaule gauche, lui plongea un poignard dans le côté droit, au-dessous du sein, et s'enfuit.

Le prince crut d'abord n'avoir reçu qu'un violent coup de poing. Mais, apercevaut le manche du poignard resté dans son corps, il s'écria : *Je suis assassiné !* A ce cri, la princesse voulut se précipiter de sa voiture, dont la portière n'étoit pas encore fermeé ; Mme de Bethizy la retint un moment ; mais la princesse s'élança, avant que le marche-pied fut entièrement baissé. En une seconde elle fut auprès de son époux, qui arracha lui-même de son sein le fatal poignard. A l'instant le sang jaillit, et inonda l'infortunée princesse. Mgr le duc de Berry dit alors ces propres paroles : *je suis mort... un prêtre...... viens ma pauvre femme, que je meure dans tes bras !* le procès-verbal, dressé après sa mort par les médecins, constate que le fer meurtrier, enfoncé obliquement, avoit traversé la poitrine, le centre nerveux du diaphragme, et l'oreillette droite du cœur. De l'avis unanime des gens de l'art, une pareille blessure doit donner la mort sur le champ. C'est donc un pouvoir surnaturel qui a permis à Mgr le duc Berry d'y survivre pendant sept heures. Dieu

---

(1) Ouvrier employé dans la sellerie du Roi.

a voulu, par une grâce spéciale, en lui donnant
le temps de se reconnoître, et de terminer ses
jours par une mort à la fois héroïque et chrétienne, récompenser dès ce monde sa charité
envers les pauvres, et toutes ses autres vertus.
Que les ennemis de la religion nous citent un
seul exemple d'un homme blessé au cœur, conservant assez de force pour arracher le poignard
de son sein, et monter ensuite un escalier, comme
le fit le prince, soutenu par ses gentilshommes;
conservant en outre, comme lui, toute sa pré-
sence d'esprit pendant sept heures consécutives.
C'est un miracle devant lequel toute la science
médicales et les raisonnemens sont obligés de se
taire. Dans ce pénible trajet, le prince, craignant
à tout moment d'expirer avant d'avoir rempli
ses devoirs religieux, se hâta de dire : *je pardonne
à mon assassin*, *quelqu'il soit*. Arrivé dans une
des salles de l'administration de l'Opéra, on le
plaça d'abord sur un fauteuil, puis sur un lit
de sangle dressé à la hâte. Pendant qu'on le
déshabilloit, il demanda qu'on fit venir tout de
suite sa fille et Mgr. l'évêque d'Amyclée (1). Il
fut saigné sans succès aux deux bras et aux deux
pieds. Alors on débrida sa blessure, pour donner
passage au sang qui pouvoit le suffoquer, et le
docteur Bougon la suça. Le prince, le repoussant
doucement, lui dit: *que faites-vous? ma blessure
est peut-être empoisonnée !* Oh! qui pourroit ra-

____

(1) Aujourd'hui évêque de Chartres.

conter ce qui, dans ce cruel moment, se passa dans l'âme de l'infortunée princesse! qui pourroit exprimer la terreur et les autres sentimens dont elle fut saisie! qui pourroit dire d'où lui vint le courage qui l'empêcha alors d'expirer sur le corps sanglant de son époux!

Le prélat étant arrivé, le prince, après s'être confessé à lui avec tous les sentimens d'une véritable contrition, adressa la parole aux personnes présentes, et, d'une voix qui n'étoit nullement altérée, il demanda pardon des offenses qu'il avoit pu commettre envers qui que ce soit, des mauvais exemples qu'il avoit pu donner, et des scandales qu'il avoit pu causer. Il renouvela la déclaration qu'il pardonnoit à son assassin, et à tous ses ennemis. Il demanda ensuite à recevoir le saint viatique. Pendant ce temps, MONSIEUR, Mgr le duc et MADAME duchesse d'Angoulême, étoient arrivés. Ils s'étoient réunis à la malheureuse duchesse de Berry, qui, malgré son désespoir, prodiguoit à son illustre époux des soins au-dessus de ses forces ordinaires. Je n'essaierai pas de peindre leur douleur, ni les gémissemens qu'elle leur arrachoit. La tendre affection qui unissoit tous les membres de cette auguste famille, et qui se manifestoit alors dans toute sa force, faisoit de cette réunion le spectacle le plus déchirant. Au milieu de cette scène de désolation, qui devoit aggraver la situation du prince, et précipiter l'instant fatal, il conservoit un air calme et solemnel, parlant de sa mort prochaine comme d'un décret de la Providence, qu'il falloit respecter. *Non,* disoit-il, *je ne crains pas la mort, je ne crains que pour mon salut. Mais j'ose espérer dans la miséricorde de Dieu. Puisse la manière dont je péris désarmer sa colère, et m'obtenir le pardon de mes péchés!* Grandeurs, richesses, plaisirs, amour filial, fraternel et coujugal, tout ce qui peut flatter et satisfaire l'orgueil, le cœur et les sens, lui avoit été prodigués par la Providence; elle lui ravissoit tout en un instant, et pendant sa longue agonie il ne lui échappa pas un seul murmure. Comme Job, il disoit sans doute en lui-même : Dieu m'avoit tout donné, il m'a tout ôté; que sa volonté soit faite.

Ce fut dans cet état de calme intérieur que le trouva M. le curé de Saint-Roch, qui vint, un peu avant trois heures du matin, pour lui administrer les derniers sacremens. Les effets de la blessure sur l'estomac ne permettant pas de lui donner le viatique, le respectable pasteur lui conféra l'Extrême-Onction. Un concert de sanglots et de prières ardentes de l'auguste et infortunée famille, et de toutes les personnes présentes, accompagnoit cette douloureuse cérémonie. Le prince seul, au milien de tant de larmes, et malgré ses souffrances et les mouvemens convulsifs dont ses membres étoient agités, conservoit une sérénité de visage qui formoit un contraste, nouveau pour le curé lui-même, qui avoit assisté tant de mourans.

Cette sérénité fit place à l'expression de la foi
là plus vive, lorsque le ministre des autels lui
présenta à baiser le crucifix, sur lequel il ap-
puya fortement ses lèvres.

Réconcilié avec Dieu, muni de l'Onction
sainte, Mgr le duc de Berry parut armé d'une
force nouvelle qui donna quelqu'espoir de gué-
rison. Lui seul ne se flattoit point. Il répéta
plusieurs fois au docteur Dupuytren qui épui-
soit auprès de lui les ressources de son art et de
la consolation : *Je suis bien touché de vos soins ;
mais ils ne sauroient prolonger mon existence.
Ma blessure est mortelle.* Sa fille lui ayant été
apportée, il l'embrassa tendrement, et lui donna
sa bénédiction, en disant : *Chère enfant !
puisses-tu être moins malheureuse que ta famille !* Il recommanda ensuite à son épouse,
à son père, et à son frère, désolés, plusieurs
personnes auxquelles il étoit particulièrement
attaché, ainsi que toutes celles qui faisoient
partie de sa maison. Puis, apercevant M. le
comte de Nantouillet, qui depuis trente ans ne
l'avoit pas quitté, il s'écria : *Venez, mon vieil
ami, je veux vous embrasser avant de mourir.*
Après avoir communiqué à madame la duchesse
de Berry ses plus secrè es pensées, et renouvelé
l'assurance d'un attachement dont ils s'étoient
mutuellement donné tant de preuves, il la con-
jura de modérer son désespoir, et de se conserver pour l'enfant qu'elle portoit dans son sein.
Quelquefois des douleurs atroces venoient in-

terrompre l'expansion de ses sentimens. Il disoit alors : *O mon Dieu ! daignez agréer mes
souffrances en expiation de mes péchés ! Sainte
vierge, priez pour moi !* Mais, malgré toutes ces
souffrances morales et physiques, qui auroient
dû absorber ses facultés, malgré la grande pensée de son salut qui l'occupoit constamment,
une autre pensée dominoit sans relâche sa grande
àme. Ce n'étoit point assez pour lui d'avoir pro-
clamé qu'il pardonnoit à son assassin ; il vouloit emporter avec lui la certitude que ce pardon
seroit efficace, non-seulement pour son propre
salut, mais encore dans ce monde pour l'assassin lui-même. Sans cesse il demandoit à voir
le Roi, car c'étoit de lui qu'il vouloit obtenir
cette certitude. Toute autre promesse ne le
tranquillisoit point.

    cinq heures du matin, il demanda
lui-même à Mgr l'évêque de Chartres de vouloir
bien lire les prières des agonisans, et la royale
famille étoit prosternée pendant cette lecture,
qu'il écoutoit avec une piété fervente, lorsque
le Roi arriva.

A sa vue, les forces du prince se ranimèrent
encore, et il s'écria : *Sire, grâce ! grâce ! pour
l'homme qui m'a frappé* (car c'est ainsi qu'il eut
la générosité de le nommer). Le Roi, dont l'âme
étoit percée de douleur, hésitant à lui répon-
dre : *Ah ! Sire,* reprit-il, *grâce au moins pour
la vie ; ne me refusez pas la dernière faveur que
je vous demande ; c'est peut-être quelqu'un que*

J'aurai offensé sans le vouloir (1). Le Roi lui promit de faire examiner la chose, et il parut plus calme. Enfin, il recommanda de nouveau au Roi, les personnes qui lui étoient attachées.

Après lui avoir ainsi laissé le temps et la force de s'acquitter de tous ses devoirs, Dieu parut retirer sa main ; car, dès cet instant, il s'affoiblit sensiblement. On l'entendit cependant encore proférer ses paroles : *O ma patrie ! malheureuse France !* Puis : *Faut-il que je meure de la main d'un Français !* Vers les six heures les angoisses douloureuses parurent augmenter, et annoncèrent sa fin psochaine ; puis enfin, les forces s'épuisant, il expira avec le même calme sur la figure qu'il avoit conservé pendant ses souffrances, et sans faire aucun mouvement. On raconte qu'alors MADAME, duchesse d'Angoulême, se précipita à genoux, en s'écriant : *Mon père vous attend ; dites-lui de prier pour la France et pour nous.* Peu d'instant auparavant, on avoit entraîné, malgré elle, la malhenreuse duchesse de Berry.

Aussitôt qu'il eut expiré, les esprits furent frappés d'une nouvelle scène produite par un de ses sentimens au-dessus de l'humanité, qui, dans cette effroyable circonstance, animoient tous les membres de la famille royale. Le Roi, surmontant la douleur qui l'accabloit, se leva,

---

(1) Les aveux du meurtrier ont prouvé que jamais le prince n'avoit eu de rapports avec lui.

et malgré les instances pu'on fit pour le retenir, s'approchant du lit funèbre , appuyé sur le bras du docteur Dupuytren , il dit : *J'ai un dernier soin à rendre à mon fils ;* et , de sa main auguste, il lui ferma les yeux. Un instant après, l'infortunée duchesse de Berry, s'échappant des mains qui la retenoient, vint se présipiter sur le corps inanimé de cet époux qu'elle avoit tant chéri, et lui fit, en le couvrant de baisers et de larmes, des adieux, qu'un cœur comme le sien pouvoit seul exprimer. Ce ne fut qu'avec une espèce de violence qu'on parvint à l'en arracher.

Ainsi mourut à quarante-deux ans, victime des atroces calculs des révolutionnaires, ce prince, ami des pauvres, des guerriers, et des arts ; ce prince, passionné pour la gloire et le bonheur de sa patrie, et qui auroit transmis ses vertus à ses enfans appelés à nous gouverner. Ah ! pauvre peuple ! qu'il avoit bien raison de s'écrier en mourant : *malheureuse France !*

Au rapport de Tacite, Germanicus fut le prince, et peut-être l'homme le plus parfait de son temps. Comme Mgr le duc de Berry, il fut moissonné à la fleur de l'âge, victime d'un lâche complot ; et, sur son lit de mort, ce modéle des vertus païennes, disoit à ses ami : *Si c'étoit à moi que vous teniez, et non pas à ma fortune, vous vengerez ma mort.* Notre cher prince étoit donc plus parfait que le plus parfait des Romains, puisqu'il a imploré la grâce de son meurtrier. Et à quoi devait-il cette perfection ? n'est-ce pas à cette religion de nos pères, à cette sainte religion chrétienne qui nous commande de pardonner? Et de misérables sophistes en sapent les fondemens! Ils veulent nous faire descendre du haut degré où elle nous a placés, pour nous rabaisser aux vertus païennes, qui permettent la vengeance, ou à l'athéisme qui permet tous les crimes. Et leurs abominables doctrines sont librement répandues, tandis que les missionnaires du Christ sont insultés, et quelque fois obligés de se taire. Oh! que notre cher prince avoit raison de dire: *malheureuse France.*

Qu'on lise les interrogatoires du monstre qui l'a assassiné, et l'on verra qu'il n'est que le fidéle élève de ces affreuses doctrines. On lui parle de Dieu; il répond que Dieu n'est qu'un mot, et cette seule réponse rend toutes les autres naturelles. Il égorge un prince qui ne lui a jamais fait de mal. Il l'égorge parce qu'il est le plus jeune de sa famille, et qu'il peut avoir des enfans. Tous ces forfaits ne sont que des jeux pour un athée qui regarde le crime et la vertu comme étant d'institution humaine, et des mots que l'on interprète à volonté. Demain, il égorgeroit avec le même sang froid son père, sa femme et ses enfans, si le moindre intérêt l'y portoit.

Que l'horrible catastrophe dont nous venons d'être témoins, nous porte donc à détester encore davantage les effroyables principes qui l'ont amenée. Attachons-nous plus que jamais à cette divine

religion qui a fait déployer à notre cher prince
tant de vertus à sa dernière heure. Attachons-
nous aussi, plus que jamais, à cette famille des
Bourbons, dont tous les membres ont prouvé
dans cette désastreuse nuit, et prouvent jour-
nellement qu'ils sont aussi bons, aussi vertueux
que lui. Oui ; malgré les complots des révolutionnaires, elle régnera encore long-temps sur
nous. La postérité de Louis XIV, en France,
étoit, il y a cent ans, réduite à un foible enfant,
et Dieu permit que cet enfant fût la souche
d'une nombreuse lignée. Relevons donc nos
esprits abattus ; et, puisque nous avons encore
au moins autant de motifs d'espérance dans
l'avenir que nos pères en avoient, ayons,
comme eux, confiance en Dieu. Prions-le ; ah !
prions-le ardemment de soutenir le courage de
l'infortunée veuve de notre cher prince, et de
nous conserver le précieux espoir de la patrie,
qu'elle porte dans son sein, afin que nos fils ne
soient pas exposés à dire un jour, encore plus
amèrement que nous : *ah ! malheureuse France!*

BLOIS, IMPRIMERIE DE VERDIER.